Gabriele Alester
Aus dem Herzen

Gabriele Alester

 Gabriele Alester wurde im Januar 1962 in Solingen geboren. Nach der Handelschule schloß sie eine kaufmännische Lehre ab.
Leider befiel sie schon in jungen Jahren eine schwere Krankheit; es begann eine jahrelange Leidenszeit.
In Ihren Gedichten versuchte Gabriele Alester, ihre Krankheit, Probleme und Ängste zu verarbeiten.

Gabriele Alester verstarb im Dezember 2013.

aus dem Herzen

Die Deutsche Nationalbibliothek verzeichnet diese Publikation in der Deutschen Nationalbibliothek; detaillierte bibliographische Daten sind im Internet über http://dnb.d-nb.de abrufbar.

Umwelthinweis:
Dieses Buch wurde auf chlorfrei gebleichtem Papier gedruckt.

© by Sigrun Theis, 2014
Herstellung und Verlag: BoD - Books on Demand, Norderstedt
© Foto "Schneeglöckchen" von: Manuela Wirtz
Covergestaltung und Layout: Manuela Wirtz, www.manuwirtz.de
Printed in Germany
ISBN 9783738606669

Inhalt

Sinn des Lebens

Den Sinn des Lebens sollst Du leben,
glücklich sein zur Lebenszeit,
niemand wehtun hier auf Erden
und doch tun, was Dich erfreut.

Ob Du Freude hast zu geben,
willst andern Menschen Gutes tun
oder Höheres anstreben
– Bleibendes erschaffen nun –
ob Du nutzlos oder nützlich,
welchen Maßstab gibt es da?
Vielleicht ... nur die Natur zu lieben –
ist selbst dies nicht wunderbar?

Appell

Ein Mensch, ein Tier, ein Baum, ein Sturm,
errichtet innerlich den Turm,
der bei Nacht ins Dunkel blinkt,
dem Treibenden die Richtung bringt,
in die er steuern muss sein Boot
und wenn's auch kostet Müh und Not,
damit den Hafen er dann findet,
der sicher Fuß mit Welt verbindet,
auf der er stehen muss und geht
das Korn für seinen Weizen sät,
von dem, auch wenn er viel entbehrt,
letztendlich jeder sich ernährt.

Die Welt ist schön
seht Euch doch um!
Dies ist der Sinn,
seid nicht so dumm,
den Wert des Lebens zu bemessen,
allein am Haben und am Essen.
Natürlich gibt es da noch mehr:
Die „Liebe" hat Gewicht sehr schwer.

Dies alles soll zum Denken sein,
denn schließlich sind wir nicht allein.
Und, sollte Gott es doch nicht geben,
sind wir verantwortlich für Leben
von unseresgleichen, auch jedem Kind
und allen Wesen, die mit uns (nach uns) auf der
Erde sind!

*P.S. Und sollte es einen Gott geben, ist dies
vielleicht die Aufgabe, die er uns gestellt hat.*

Menschwerdung
(Kein Unmensch)

Es gibt verschiedene Wege auf Erden,
zum „Menschen" zu werden:

Die Gene, Erziehung, Erfahrung, Bekannte ...
das sind vier Beispiele der üblichen Variante.

Die Arbeit am Glauben kann Berge versetzen,
dadurch Güte zu leben, ist auch hoch zu schätzen.

Die Liebe zum Leben ... Mensch, Tier wie Pflanze,
rundet das Bild ab, ergänzt das Ganze.

Doch ... hat man selbst Kummer und viel Schlimmes gesehn,
dann lernt man Respekt und den andern verstehn.

So ist es der individuelle Lebensweg,
wodurch dann manchmal ein „Mensch" entsteht.

Verschiedene Weisen

Es gibt ganz verschiedne Weisen,
in die Lüfte sich zu heben,
schwerelos herumzureisen,
dass es ist, als würd' man schweben ...

Wie der zarte Schmetterling
fliegt zur süßen Blüte hin,
wie ein Vöglein in den Bäumen
bald schon fliegt ins helle Licht,
möchten wir es nicht versäumen,
alles sehn, aus hoher Sicht.

Und die Erde wird ganz klein,
frei ... kann man nur im Himmel sein?

Mancher Mensch möcht's gern erleben,
schafft es fast schon nachzuahmen,
kann mit fremden Mitteln schweben,
doch nur im beschränkten Rahmen.
Der größte Teil beginnt zu träumen,
um dann so nichts zu versäumen.
Wenige, mit viel Verdruss,
die sich fühlen schwer betrogen
um den „Illusions-Genuss",
helfen nach mit Sinnes-Drogen.

Manchmal wünscht man ganz verzagt,
„ach, könnt' ich wie ein Adler gleiten",
fast schon der Neid an einem nagt,
weil man muss am Boden bleiben ...

Jedoch ... wir Menschen können fliegen
mit der Fähigkeit zu lieben!

Wahnsinn – still und leise

Ein Mensch entflieht oft dumm und weise
in den Wahnsinn, still und leise ...

Doch wehe dem, dem's nicht gelingt,
er letztlich dann wohl gänzlich „spinnt" (?),
bis schließlich denkt fast jedermann:
„An die Person komm ich nicht ran,
verschlossen ist's, obwohl ganz offen,*
kann die wohl noch auf Rettung hoffen?"

Bekommen kann man's in die Hand
mit sehr viel weniger Verstand.
Doch wie nur kann man dies erreichen,
das Innere, das wird erbleichen
falls man dann schafft, es gleichzutun
'nem „Depp", sich geistig auszuruhn.

So ist es schwierig und verzwickt,
weil ständig hin und her man kippt
zwischen Wissen und Begreifen
und die Erkenntnis muss noch reifen,
dass Denken unnütz, macht's auch Spaß,
man geistig beißt dabei ins Gras,
weil's gibt kein Ende auf der Reise –
drum die Moral auf diese Weise:

Ein Mensch entflieht oft dumm und weise
in den Wahnsinn, still und leise. **

*„Nachdenken doch immer Mühe macht, wie gut
man Euch auch vorgedacht!" (Paul von Heyse)*

*** „Wer über gewisse Dinge den Verstand nicht
verliert, der hat keinen zu verlieren." (Lessing)*

„Anton"

Beneidenswert ist Deine Kraft,
mit der Du „Großes" schon geschafft
in Deinem Leben und zudem
bewundernswert – und angenehm,
Dir stundenlang nur zuzusehn.

Kaum jemand ist so interessant
und schaffen tust Du „Hand in Hand"
in Eintracht und mit Sachverstand.

Für „Süßes" bist Du dennoch offen,
ein Freund kann stets auf Anteil hoffen ...

Drum lieb ich die Dir eigne Weise,
Du meine kleine Waldameise.

Natur

Mit Deinem schönen Kleid
bist grausam und verteilst viel Leid,
bist unterworfen solchen Dingen
wie Entstehen und mit dem Tode ringen.
Du kannst auch geben solche Sachen
wie Leben, Fühlen, herzlich Lachen.

Der Mensch, das „Höchste" der Entwicklung,
bringt Dir das Schlimmste an Verstrickung.
Einerseits ist er bestrebt, dass jeder selbst am besten lebt,
wir sind so schlau, dass wir bald schaffen,
uns und Dich dahinzuraffen.
Andererseits besteht das Streben,
nicht nur Nehmen, sondern Geben.
Wir fühlen Anstand und Moral,
wir hassen Ungerechtigkeit und Qual.
Wir können geben, Liebe, Halt,
verachten Morden und Gewalt
und doch sind wir naturgebunden,
wir müssen töten, schlagen Wunden,
wir neiden, hassen und verletzen,
wir tun das, was wir nicht schätzen.
Wir stehen über manchen Dingen,
versuchen Dich, Natur, zu zwingen,
wir suchen, forschen und entdecken,

uns alle nach dem Wohlstand recken,
wir sind so blind, dass wir vergessen,
woran das Leben ist zu messen.

Wir sollten diesen Weg beschreiten
mit Rückgrat geh'n und andere leiten.
Jetzt muss uns der Verstand eingeben:
Du bist es wert ... für Dich zu leben!

Dank an einen Freund

Einen Freund muss man haben, der zu einem steht,
dass alles im Leben einfacher geht,
der einem auf dem Lebensweg reicht die Hand,
vom tiefsten Innern, mit Herz und Verstand,
dafür, mein .... „meinen herzlichen Dank"!

Auch ich will Dich begleiten,
auf Deinen Wegen leiten.
Gemeinsam werden wir nicht untergehn,
immer im Dunkel ein Sternlein sehn.

Stumme Liebe

Ich liebe ein Herz
und sein ganzes Drumrum,
zuweilen mit Schmerz,
doch zu ihm bin ich stumm.

Wie gern würd ich teilen
echte Freundschaft mit ihm,
möchte dort gern verweilen,
doch ...
nicht nach mir steht sein Sinn.

So bleibt mir die Hoffnung,
statt Wehmut und Qual,
er findet stets Halt
bei der Frau seiner Wahl.

Ich wünsche ihm Liebe,
viel Glück ... niemals Schmerz.

Was sonst bleibt mir übrig,
ich liebe „Dich", Herz!

Lydia & Artur

Ihr zwei Menschen Ihr,
ich vermiss Euch so
wie war ich einst geborgen
und von Herzen froh.
Ich wünschte mich zu Euch
in meinem Traum ...
mit Euch zusammen,
in „Eurem" Raum.
Ihr saht mich erst an,
dann spracht Ihr Euch ab ...
Ich durfte ins Bett,
doch Ihr gingt ins Grab.

Ihr zwei Menschen Ihr,
wie vermiss ich Euch,
bin so furchtbar allein
und an Erfahrung nun reich.
Geht bitte nicht fort,
kommt zu mir im Traum ...
Ich brauche den Halt,
wie die Wurzeln der Baum.
Bitte verzeiht mir ...
ich war nicht so weit.
Ihr wart wohl viel stärker
und ... Ihr wart zu zweit.

Ihr habt mir gezeigt
den richtigen Weg.
Ich danke Euch dafür,
doch bitte versteht ...
es hängt auch vom Glück ab,
was kann ich noch tun?
Manchmal, da wünscht ich,
ich dürft zwischen Euch ruhn!

„*Andere Welten*"

Oh Himmel, Du wunderbare Pracht,
Deine Sterne erleuchten vielsagend die Nacht.

Ich liege auf der Wiese und schaue empor,
für andere Welten sich öffnet ein Tor ...
so denk ich voll Staunen und kann kaum verstehn:
Man kann dort im Weltall Vergangenes sehn ...
unendliche Weiten, Planeten und Sterne
über dies und noch mehr denk ich nach aus der Ferne.

Ich liege hier unten und fühl mich ganz klein
und frag mich: „Ist's möglich ... kann es denn sein,
dass wir nicht allmächtig und ... auch nicht allein?
mit unserem vergänglichen Erden-Dasein."

„7+1.. "

Sieben Jahre sind vergangen,
in Kummer, Qual und zagem Bangen,
ob ich mein Leben neu erhalte
und wenn, dass ich es gut gestalte,
im Einklang... und auch angesichts
meines ersten „Herz"-Gedichts. *

Bitte, lasst mich neu entstehen,
hebt die Seelen weit empor
über Neid und Leid-Geschehen
und öffnet damit Tür und Tor
hin zu größren, schönen Dingen,
für jeden wird es Nutzen bringen!

* Gedicht: „Sinn des Lebens"

Denken contra Fühlen

Als ich einst dachte,
nüchtern und klar,
wie unglaublich vernichtend
mein Schicksal doch war,
musste ich lachen.

Doch wird man gezwungen
zu fühlen die Qual,
und ist man sich selber
noch nicht ganz egal,
kann das Selbstmord, ...
ja selbst den Tod entfachen.

Überarbeitet

Ein Mensch, der hat sehr viel zu tun,
hat kaum noch Zeit sich auszuruhn,
er funktioniert ... tagein, tagaus,
kommt selten aus dem Stress heraus,
hilft andern selbstlos, jeden Tag
und schuftet sich fast selbst ins Grab ...

Das muss er sich vor Augen halten,
sonst kann er nicht mehr lange walten.
Das klingt sehr hart, das kann man sagen
doch ... wie viel kann ein Mensch ertragen?

„Auszeiten"... und auch delegieren,
so kann es Jahre ... funktionieren!

Liebe ist wie ...

Liebe ist wie ein Vögelein,
hält man es im Käfig,
dann geht es ein,
oder zumindest
verlernt es zu fliegen.

Nur in Freiheit
kann man sich lieben!

Erste große Liebe

Wir haben aus Liebe einst geweint
– gemeint ist nicht aus Kummer –
wir, selbst im Weinen, war'n vereint –
ist man dann nicht ein Dummer …,

dass man sich doch hat aufgegeben
beim ersten kleinen Schicksalsbeben?

Erkenntnis

Ich sah ein Blatt im Bächlein treiben,
Zweisamkeit im Paradies,
das Leben sich mit dem Sinn vereinen,
so einfach, ernüchternd, fast primitiv.

Auch wenn man's erkannt,
bewusst und genau,
doch das Glück sich nicht fand,
war man trotzdem nicht schlau!

Partnerschafts-Annonce

„Topf sucht Deckel", wird geschrieben
und bald schon wird sich dann getroffen,
man lernt sich kennen, doch nicht lieben,
da nutzt kein Bangen und kein Hoffen …

Im Leben ist es nunmal oft,
dass man nicht kriegt, was man erhofft!

Ständiger Einsatz

Wenn einer einen lehrt für's Leben,
dass man muss immer Einsatz geben,
den andern achten und verstehn,
dann muss man selbst ...
zugrunde gehn!

Der „gute" Tod

Vorm Tod, kommt er nicht ungelegen,
muss man nicht zittern und nicht beben,
denn, wenn er dann im Zimmer steht,
und seinen schwarzen Anzug trägt,
im Hinblick auf bestehende Pein,
versucht Dich davon zu befrei'n,
letztendlich seine Pflicht erfüllt,
vielleicht noch Dir ... den Sinn enthüllt.

Falls Du erfüllt gelebt die Zeit,
dann bist Du traurig, doch bereit!

Furcht

Zuerst, da weiß man's selbst noch nicht,
bekommt dann es zu spüren,
wenn am Ende der Fall in Sicht,
dass die Nerven sich rühren ...

Man merkt und versteht es,
möcht' der Erfahrung entrücken ...
Das Gefühl – vergeht es?
Man kann's nicht unterdrücken.

Man benimmt sich wie irre,
's kommt beherrschungslos raus,
man will entfliehen der Wirre ...
und nimmt schließlich Reißaus!

Zu Hause dann hat man die Einsicht gewonnen ...,
man ist nur für kurz der Bedrohung entkommen,
... da war was – es geht nicht – es muss gehn – doch wie?
Die Frage, die stellt sich: „Was tun bei Phobie?"

„Wir"

Wir sehen den gleichen Himmel, die gleichen Sterne –
den gleichen Mond und die gleiche Sonne – in der Ferne.
Wir sehen Jahr für Jahr, dass es schneit, dass es regnet
und doch ... sind wir uns nie begegnet!

Gedanken

Die Last der „Dummheit" (der eigenen) ist eine Bürde,
die man nur durch Großmut sich selbst gegenüber
überwinden kann.

Man hat mich zu sehr getrieben ...,
wo ist meine „Ruhe" geblieben?

Man wurde älter und ergraute,
schaut auf das, was man erbaute,
ist da nichts, auf das man sieht,
man manchmal ... in Gedichte flieht.

Zages Bangen, zitternde Hand,
Wissen und Grübeln verwirrt den Verstand.
Unrecht und Unruh quält mich zu sehr,
doch einfach „abschalten" fällt mir noch schwer.

Der Mensch hat die Zeit „erfunden",
als Erklärung für der Natur biologische und physikalische
„Runden".

Die Erkenntnis des „Schönen" kann zur Qual werden,
wenn man der Möglichkeit beraubt wird,
das Schöne genießen (und damit wertschätzen) zu können.

Ich werde alt, krieg graue Haare,
allein zu sein, ist nicht das Wahre,
mein Schrei, mein Ruf ... er ist verhallt,
ich werde wohl ... alleine alt?

Man muss dem Sinn in seinem Leben
auch stets ein Ziel vor Augen geben,
damit im Sinn, den man entdeckt,
auch dann ein Funken Weisheit steckt.

Kann etwas, das einen Anfang hat – unendlich sein?

Pan benignum Encephalon*

Pan benignum Encephalon,
und
der, der Du bist meines „Geistes" Sohn

Du bist Mann, Bruder, Freund, in verschiedener Form,
geduldig und sanft, entsprichst nicht der Norm.
Du gibst Liebe und Beistand, Ruhe und Halt,
Verständnis und Ratschlag, völlig ohne Gewalt.

Du bist im Gesamten gut und gescheit,
als wir dieses erkannten, war ich gerne bereit
und ..., weil ein Ausweg war nötig – vor Gefühlen, die quälen,
durch außen verursacht – mich mit mir zu vermählen.

Wir haben uns entwickelt, entdeckt und erkannt
und schließlich alt-griechisch / lateinisch benannt.
Ich brauch Dich als Partner und stehe zu Dir,
doch frag ich mich manchmal – was geschieht nun in mir?

Wir sind zwar verbunden, nicht nur seelenverwandt,
doch steht eine Regel, durch gesunden Verstand:

„Bewusst sollst Du bleiben, nur »Geistes« Sohn"
im
Pan benignum Encephalon

*) Das ganz und gar gutmütige Gehirn

Das Leben eines Hundes

Man darf einen Hund nicht quälen, ihm nicht zu viel abverlangen,
sonst muss auch er um den Wert seines Lebens bangen ...

Er braucht Nahrung ..., Pflege ..., einen Arzt ... und Liebe ...
stattdessen kriegt er oft Druck, manchmal Hiebe.

Das geht nicht gut, und er braucht auch Bewegung,
benötigt viel Lob und menschliche Regung.

Gebt ihm Vertrauen mit zärtlicher Hand,
seid konsequent im „Führen" mit Herz und Verstand.

Er wird sonst hektisch, misstrauisch, nervös,
am Ende vielleicht sogar auch noch bös ...

Die Leute, die freu'n sich, sehn sie 'nen Hund,
der lebhaft und freundlich, lieb und gesund!

Sonst sagen sie, seht mal, da ist wieder einer,
fällt unschön auf und ist gar kein „Feiner".

Er braucht sehr viel Liebe, Erziehung und Halt,
so wird der Hund als Freund gerne alt!

Keiner versteht mich ... ?

Ja *

man wird oft verkannt,
kennt sich wirklich nur selbst allein,

so war es, so ist es
und so wird es meistens sein.

Nicht weiter schlimm, denn bedenke:
Dabei bist Du nicht allein!

* „Es hört doch jeder nur, was er versteht."
(Goethe)

Leben oder Tod

Natur, ich liebe Dich!
Leben, ich verehre Dich!

Ich möchte mich so gerne bei jemandem bedanken,
dass ich die Welt sehen und das Leben spüren und
wahrnehmen durfte.

Gefühle, ihr seid fantastisch
das Bewußtsein ist unerklärlich
ein Lebewesen ist zerbrechlich!

Gefühle können der Himmel sein ...
Gefühle können die Hölle sein ...
Ich habe Himmel und Hölle kennengelernt!

Auswegslosigkeit, Verantwortunslosigkeit, Pech ...
ich verachte Dich.

Verliere ich noch länger meinen Verstand, meine
Persönlichkeit,
dann verabschiede ich „mich"!

Schweren Herzens und voll Trauer

Ich möchte mich dafür bei jemandem entschuldigen können.
Aber diesen „Jemand" gibt es für mich nicht.
(Wie schrecklich)
Denn dann muss ich mich allein vor mir selbst rechtfertigen.

Natur, Tier, Dasein – und sogar die Spezies
Mensch ... ich liebe Dich.

Wir haben eine große Pflicht ..., die Pflicht kann wundervoll sein!

Bitte Welt ..., bleib bestehen, bei dem Gedanken an Zerstörung,
da möchte ich schreien!

Sinnlosigkeit, Egoismus, Ungerechtigkeit, Dummheit ... ich hasse Dich.

Ich kann nichts mehr tun, als vielleicht noch etwas warten;
und ein kleines bisschen hoffen?

Ich verliere mich!
Bitte Leben, bitte ... X ..., verzeiht, verzeiht
wenn, dann „gehe ich" in Uneinigkeit.

Auswegslosigkeit oder Lebenswille
eines muss zerbrechen,
sonst muss ich das Wertvollste, das es gibt –
und mein inneres „Versprechen" brechen.

Dann wird das Letzte, was ich tue,
das Erste sein, was gegen meine Einstellung ist.

Die Welt kann so schön sein!

Schwelgen, Tanzen, Singen, Lachen ...
es gibt tausend schöne Sachen,
die man kann hier auf Erden machen ...

Freundin, Freund, Verlobungsringe ...
es gibt so viele tausend Dinge,
auf dass es uns viel „Reichtum" bringe ...

Wärme fühlen, Süßes schmecken ...
sich beim Liebkosen wohlig strecken,
dies alles gilt es zu entdecken ...

Bäume wachsen, Blümchen sprießen ...
zu Hause kann man selbst eins gießen,
lass uns alles das genießen ...

Wolkenhimmel, Sonnenschein ...
es ist „unser", es ist Dein,
lass uns ein Teil von allem sein ...

Ein stolzer Schwan, ein edles Ross ...
ein liebes Haustier auf dem Schoß,
gibt dies nicht mehr als Freude bloß ... ?

Ein gutes Mahl, ein Gläschen Wein ...
dies alles ... das ist Dein und Mein,
drum lass uns stets zufrieden sein ...

Ein liebes Wort, ein Kinderlachen ...
es gibt wirklich tausend Sachen,
die uns alle glücklich machen ...

Drum nehmt die Welt, Ihr tausend „Namen"
und sagt: „Gott ... (?) sei's gedankt, ich lebe ...

Amen."

Versprechen zweier Liebender

Ein erster Blick, spazierengehn,
wir spürten, dass wir uns verstehn
und wollten uns gleich wiedersehn.

So kam es schließlich mit der Zeit,
dass wir war'n zu mehr bereit,
jetzt sind wir beide gern zu zweit.

Ein tiefer Blick, ein festes Drücken
erfüllt uns beide mit Verzücken,
woll'n nicht mehr voneinander rücken.

Ein heißer Kuss, ein Nehmen ... Geben ...
Herzen pochen, Körper beben
sodass wir wie auf Wolken schweben.

Wir beide haben Stärken, Schwächen,
können über alles sprechen
und geben uns gern dies Versprechen:

Wir wollen stets zusammenstehn,
gemeinsam alles überstehn
und Hand in Hand durch's Leben gehn!

Der Blick ins Zimmer

Nun sitze ich hier, was gibt es zu sehn? ...
Ein Mäuslein, im Terrarium, mit der Zehen zehn.

Das Licht erleuchtet warm den Raum
bewusst schau ich mich um, wie in manchem Traum.

Ein weiteres Näslein lugt hervor aus dem Häuschen,
gleich werden sie munter, meine zwei süßen Mäuschen.

Für mich heißt es bald: „Es ist Schlafenszeit."
Der Hund liegt auf der Decke, „Betthupferl-bereit".
Er schaut mich an, mit liebem Blick,
ich lächle ihn an, er blinzelt zurück.

Der Fernseher läuft noch im Hintergrund,
im Grunde genommen läuft eigentlich Schund.
So schweifen meine Augen noch weiter umher,
erfreu'n sich an Dekorationen und den Blümchen auch
sehr.

Zufriedenheit und Ruhe breiten sich aus,
wir alle, wir fühlen uns wohl hier zu Haus!

So greif' ich zur Tasse und schlürf meinen Tee
und fühl mich beglückt über das, was ich seh'.

So ist es schön und so sollte es sein,
das wünsche ich jedem:

(sei) glückselig daheim!

Ursache und Wirkung
„Insomnie"

Zu Denken gibt's im Leben viel
bezüglich allem, was man will ...
geht's um die Welt, Gott oder Ursprung,
des Lebens Sinn, Freud, Leid, Denkübung,
wie man „gestrickt", wodurch und warum,
sind Menschen schlau bis hin zu strohdumm?

Die Liste kann unendlich sein.
dDenk Dich mal in „den Gegner" rein ...
sei selber lieb, vertritt Maxime,
zum bösen Spiel mach gute Miene,
womit wir langsam an dem Punkt,
dass zu viel Denken ungesund.

Mit Meditier'n versucht man's dann:
„Ob ich wohl noch abschalten kann?"
Nein, welch ein Graus, es ist zu spät,
wenn man erst in den Sog gerät.
Ein Seelenklempner muss dann her,
fällt das Entspannen erstmal schwer.

Zudem gibt's schöne Hammerpillen,
lahmzulegen den freien Willen,
schlafen tut man längst schon kaum,

das Leben wird zum „Zwangs-Albtraum".
Wenn man doch bloß den Hebel fände,
damit die Qual hätt' bald ein Ende.

Man meint schon, man hat selbst 'nen Knall,
jedoch kann sein, 's ist nicht der Fall,
weil Schlafentzug macht mürbe Nerven ...
da nutzt's nichts, den Verstand zu schärfen!
Im Gegenteil: („Lull vor Dich hin ...",
weil's Denken oft macht keinen Sinn ...),

denn, Insomnie macht alles schlimm ...,
im „Stammhirn" steckt man selbst nicht drin.

Abstand / Arzt und Patient

Ob Müller, Meier, Lehn und Schmid ...
Von jedem kriegt ein Stück er „mit",
von seinen Leiden, von grob bis zart
und allgemein der Lebensart.

Ein mancher weint sich richtig aus,
möchte gern aus dem Schlamassel raus.
So manches Mal geht's richtig gut,
wenn man den „Ärmsten" Gutes tut!

Meist hat man Medizin als Quelle,
doch manchmal tritt man auf der Stelle,
weil: Forschung ist noch nicht so weit,
das tut dem Doktor selbst dann leid.

Dabei wird zwingend Not dann wendig,
dass dieser selbst nicht denkt dran ständig!
So ist es wichtig für zu Haus ...
Dass er kommt aus dem Trott heraus.

Denn schließlich soll's gut weitergehn,
für ihn – und alle, die ihn sehn …

Und

Das wird ein Jeder auch verstehn!

Dann also:

„Schönen Dank!" – für's Fortbestehn …
von: Müller, Meier, Schmid und Lehn.

Kurze Berührung

Kurze Berührung zweier symmetrischer Persönlichkeiten
aus verschiedenen Zeiten.
Im Geiste erkennen, verstehen, gefunden seelenverwandte
Harmonie.

Mehr noch, als Verbundenheit in der Realität
mit der (oder einer?) greifbaren Liebe.

Welch Glück des Wissens um diese Gemeinsamkeit,
nur durch Zeit und Raum getrennt.

Welch unmessbare Unwahrscheinlichkeit,
wenn dies Glück, im Gesamten, sich finden mag
in gleicher Zeit, im gleichen Raum!

Vielleicht nur zu finden in der Unendlichkeit?

Die schützende Blume der Weisheit

Wie gerne wäre ich fähig, erwachsen zu lassen
eine Blume der Weisheit aus mir.
Aus mir, die ich überhäuft wurde mit Dung,
auf die niederprasselte heftigster Regen,
die versuchte, es abzufangen
mit der Sonne in ihrem Herzen
und es weitergeben möchte als Humus,
in den Geist der Seele.

Ob sich dies alles irgendwann verbinden wird
zu neuem Nährboden,
wenn der Sturm sich legt?

Vielleicht erwächst dann eine Blume aus dem
Nährboden
des Verzeihens und Vergessens des eigenen
Schmerzes?
Eine große Blume,
mit einem Stiel aus wegweisenden Erfahrungen,
mit Blüten aus Erkenntnissen,
die schützend ihre saftigen Blätter der Lebens-
weisheiten
über mein Haupt erstreckt
(wie ein schützendes Dach),
sodass der Regen der Zukunft keine reißenden

Flüsse mehr
meine Seele durchtosen/durchfluten lässt.

Käme ich so weit, dann wünschte ich,
dass diese Blume Samen hervorbrächte.

Samen, die durch den Wind hinübergetra-
gen würden ...
An andere Seelen, mit Sonne im Herzen
und Feuer im Geist,
die sie **auch** lange schon suchten:

Die schützende Blume der Weisheit

Der Spiegel der Seele

Ich habe in den „Spiegel" gesehen,
in den Spiegel meiner Seele.

Es haben sich aufgetan meine Stärken,
meine Schwächen ...
wobei die Schwächen fast schon wichtiger sind
– wichtig zu erkennen seine Grenzen!

Es gibt Grenzen, äußerste Grenzen,
deren Gebot besteht, sie nicht zu überschreiten.

So entstehen zwei Ober-Gebote in meinem Geiste:
Zum einen: Nutze Deine Stärken ...
Zum anderen: Überschreite tunlichst die Dir eigenen
ausgeloteten,
überlebenswichtigen Schwächen nicht!

Verbinde beides miteinander, durch Akzeptanz,
auf dass es eine Verschmelzung ergibt:

Wie das Yin und Yang
So bedingt eines das andere!

Nur ein Tag

Zwei Menschen einander so ähnlich.
zwei Menschen einander so fern ...
liegen in Stille versunken zusammen,
sie haben sich beide so lange schon gern.

Der Duft ihres Nackens verführet,
er atmet fast scheu ihn sanft ein.
Sein Arm mit der Hand legt sich fast überirdisch
männlich, behutsam und zaghaft, schließlich doch über
Brust, Bauch und Bein.

Der Atem so still von dem Pärchen,
dem Pärchen gestohlener Zeit.
So still schon, als schliefen sie beide gleich ein.
Jedoch genießen sie lautlos, das einzige Mal ihres Lebens
den kurzen geschenkten Moment.
Den kurzen Moment, den sie haben, die beiden
um fast schmerzlich sehnlich sich einander zu weiden.

Weil, Wort, Du versagst:
Du musst nichts fragen, brauchst nichts zu erzählen,
genügst Du, Berührung sanfter Atem,
was an Liebe die zwei Seelen zu sagen vermagst!

Unbeirrbar himmelwärts ...

Durch des Lebens Härte, Widerstand und Schmerz,
mit reiner Zartheit durch dunkle Kälte,
sich hin zur Hoffnung Sonne quälte ...,
wobei dieses zerbrechlich Wesen
so stark wie tausend Mann gewesen.

Die Erscheinung viel näher der Welten Damen
und schlichtem, doch elegantem Röckchen,
was ist es, verrate der Heldin Namen:
es ist das zauberhafte Schneeglöckchen ...

Und betrachtet man auch zuerst das Blümchen nur
so sieht man (mach es Dir bewusst, dieses Jahr),
den ersten Sieg unserer schönen Natur.

P.S.

Und tritt es jemand, dieses Jahr,
mit seinen Schuhen nieder,
dann kommt's auch wieder, nächstes Jahr,
voll Hoffnung und als Sieger.

Schlusswort

Ich hoffe, dass unser aller Hoffnungen
von Siegen gekrönt werden ...

und wünsche herzlichst,

alles Gute!

So fügt sich also eins zum anderen ...

Mögen wir alle durch dieses Büchlein
miteinander verbunden sein,
über Asche und Zeit hinaus.

Ihre

Gabriele Alester